MINISTÈRE

DE L'INSTRUCTION PUBLIQUE ET DES BEAUX-ARTS

BULLETIN

HISTORIQUE ET PHILOLOGIQUE

DU

COMITÉ DES TRAVAUX HISTORIQUES

ET SCIENTIFIQUES

JULES FINOT

LE TRAIN DE MAISON

D'UNE GRANDE DAME AU XIVe SIÈCLE

YOLANDE DE FLANDRE, COMTESSE DE BAR

PARIS

ERNEST LEROUX, ÉDITEUR

28, RUE BONAPARTE, 28

MDCCCLXXXIX

ANGERS, IMPRIMERIE BURDIN ET Cie, RUE GARNIER, 4.

ANNEXE
AUX PROCÈS-VERBAUX DU CONGRÈS DE LA SORBONNE

I

Le train de maison d'une grande dame au XIVe siècle. — Étude sur les comptes de l'hôtel des sires de Cassel et particulièrement sur ceux d'Yolande de Flandre, comtesse de Bar.

(Communication de M. Jules Finot, archiviste du département du Nord.)

Dans la série des nombreux comptes et documents concernant l'administration de l'Hôtel des anciens grands feudataires des Flandres et des Pays-Bas, déposés aux Archives du Nord, ceux qui proviennent des sires de Cassel et surtout d'Yolande de Flandre, comtesse de Bar, présentent un assez vif intérêt historique. Ils embrassent, en effet, presque toute la durée du XIVe siècle, et, pendant une longue période de soixante-dix ans, ils fournissent de précieux renseignements à l'étude du développement des arts, du commerce et de l'industrie ainsi que pour la constatation des conditions économiques dans lesquelles se passait la vie matérielle et sociale des grands personnages, de leurs serviteurs et de leurs officiers. L'histoire politique ne doit même pas les dédaigner car, outre qu'ils ont seuls conservé la relation de quelques particularités curieuses, souvent ils éclairent des faits restés obscurs, précisent ou rectifient les dates et les récits des chroniques. Ce qui leur assure enfin une certaine supériorité sur ceux des comtes de Flandre et de Hainaut, c'est que, par suite de l'étendue des possessions des sires de Cassel, de la diversité des pays où elles étaient situées, ils ne se rapportent pas uniquement à une région, mais à trois contrées très éloignées les unes des autres : la Flandre, le Perche et le Barrois. On comprend quelle mine de curieux rapprochements ils doivent offrir aux chercheurs, quelle base solide ils présentent aux érudits qui poursuivent le travail ardu de la détermination de la valeur des monnaies et du pouvoir de l'argent au moyen âge. Nous n'avons pas la hardiesse d'entreprendre ce rude labeur. Notre prétention plus modeste est seulement de dégager les notions précises que renferment ces comptes, de dégrossir les matériaux qu'ils peuvent fournir à l'histoire du XIVe siècle.

Le savant auteur de l'*Histoire de l'Art en Flandre* a déjà puisé dans leur analyse une abondante moisson de renseignements sur tout ce qui concerne les travaux de peinture, de sculpture, d'enluminure et d'orfèvrerie que firent exécuter les sires et les dames de Cassel, et il a publié un grand nombre d'extraits de ces comptes dans les volumes réservés aux pièces justificatives de son ouvrage. Nous n'aurons donc pas à les envisager au point de vue de l'histoire de l'art. Notre but est de montrer quelle était l'organisation de l'Hôtel de ces princes, de déterminer les fonctions des officiers qui le composaient, d'examiner les dépenses et le mécanisme de la comptabilité et de mettre en relief les détails intéressants pour l'histoire commerciale, industrielle et même politique qui ressortent de cet examen.

En vertu de différents actes de partage de la succession du comte de Flandre Robert de Béthune, son second fils Robert, dit de Cassel, qui avait joué un rôle considérable dans les affaires de Flandre, sous le règne de son père, reçut définitivement, en 1318, un apanage constitué par les terres suivantes : Dunkerque, Bornhem, Gravelines, Bourbourg, Bergues, Nieuport, Deinze, Cassel, l'Espier de Cassel, La Bourre, Watten, Nieppe, Warneton, Estaires et Steenwerck, dans la Flandre Maritime, biens provenant des acquisitions successives faites par le domaine des comtes de Flandre; Broigny en Champagne; Montmirail, Auton, Brou, Alluyes, la Basoche, dans le Perche; Gouet en Orléanais; Nogent-le-Rotrou, Revère, la Ferrière et Morlandon, Montigny et Neuviller dans le Grand-Perche, relevant du Maine, biens recueillis par Robert dans la succession de sa grand'mère maternelle Mahaut de Bourbon, comtesse de Nevers et baronne de Donzy; enfin de 10,000 livres tournois de rente assignées sur le comté de Nevers et sur la baronnie de Donzy, en vertu du testament de Marguerite de Bourgogne, femme de Charles d'Anjou, et, à ce titre, qualifiée de reine de Naples et de Sicile [1]. D'après un acte du mois d'avril 1322 [2], les terres et seigneuries constituées en apanage à Robert de Cassel, sises en Flandre, devaient lui donner un revenu de 10,000 livrées de terre. Des commissaires furent alors nommés afin d'en faire l'estimation. Si à ces 10,000 livres parisis de rente on ajoute le revenu des terres du Perche et de la Champagne et les 10,000 livres tournois de rente assignées sur le comté de Nevers et sur la baronnie de Donzy, il est permis d'estimer le revenu total dont devait jouir Robert de Cassel à environ 30,000 livres tournois représentant approximativement 1,800,000 francs de nos jours.

Sans nous arrêter sur le rôle politique que joua Robert de Cassel dans les démêlés que son neveu le comte de Flandre, Louis de Crécy, eut avec les communes flamandes, nous nous contenterons de rappeler qu'en 1324 il épousa Jeanne, fille du duc de Bretagne Arthur II et de la duchesse Yolande de Dreux, qui lui apporta en dot une somme de 10,000 livres tournois. Par contrat de mariage il lui avait assigné en douaire les terres sises dans le Perche, c'est-à-dire Alluyes, Montmirail et leurs dépendances [3]. A sa mort, en 1331, il laissa de ce mariage deux enfants : Jean, âgé alors

[1] Archives du Nord, B. 545 et 548.

[2] Id., B. 575.

[3] Id., B. 592, 593, 617. — A. Duchesne, *Preuves de l'histoire de Bar*, p. 97.

de huit ans, et Yolande, qui n'en avait que cinq. Jean ne survécut qu'un an à son père, le P. Anselme assignant comme date à son décès le 10 mars 1332. Yolande hérita donc seule et pour le tout des biens de son père, à la réserve de ceux constituant le douaire de sa mère, Jeanne de Bretagne, sous la tutelle de qui elle fut placée.

D'après un certificat produit lors de son mariage et conservé aux Archives du Nord[1], Yolande de Cassel ou de Flandre, car les historiens la qualifient indistinctement de ces deux manières, serait née au château d'Alluyes le lendemain de la fête de l'Exaltation de la Sainte-Croix, c'est-à-dire le 15 septembre de l'année 1326.

Elle avait donc six ans à la mort de son jeune frère. Son enfance se passa en partie au château d'Alluyes, et en partie dans celui de la Motte-au-Bois de Nieppe, l'une de ses propriétés les plus importantes et les plus agréables en Flandre, celle qui devait être plus tard sa résidence favorite, comme elle fut, au XVe siècle, le séjour préféré des duchesses douairières de Bourgogne, Isabelle de Portugal et Marguerite d'York. Jeanne de Bretagne conduisit aussi sa fille à la cour du roi de France et ce fut là qu'elle fut fiancée à son cousin Henri, fils du comte de Bar Édouard Ier. D'après des documents conservés aux Archives du Nord[2], ces fiançailles eurent lieu en janvier 1338. Mais le jeune âge de la princesse et l'obtention des bulles de dispense de parenté retardèrent le mariage qui ne fut célébré que dans le courant de l'année 1340. Dans l'intervalle Henri était devenu, par le fait de la mort de son père, comte de Bar, et Yolande, émancipée de la tutelle maternelle, administra, de concert avec son mari, ses domaines en Flandre et les terres d'Alluyes et de Montmirail, dans le Perche. Quant à la châtellenie de Nogent-le-Rotrou et à ses dépendances, Jeanne de Bretagne, par suite de nouvelles conventions passées avec sa fille, les avait reprises pour son douaire.

Yolande de Flandre n'avait, lors de son mariage, que quatorze ans. Son union avec le comte Henri IV de Bar dura à peine quatre ans, celui-ci étant mort le 24 décembre 1344. Cependant il en survint deux enfants : Édouard, né en 1341, et Robert, en novembre 1342. Par un testament en date du 30 novembre 134.., Henri de Bar avait confié la tutelle de ses deux fils, en raison du jeune âge de leur mère, à un conseil composé de sa tante la reine de France Jeanne de Bourgogne, du duc de Normandie qui devait devenir le roi Jean le Bon, du duc de Bourgogne Eudes et de son fils Philippe, en lui laissant la faculté de déléguer ses pouvoirs. Ce fut sans doute avec l'assentiment de ce conseil qu'Yolande prit en mains, avec la tutelle de ses deux enfants, la régence des États de son mari. Elle n'avait alors que dix-huit ans. Mais le mariage, la maternité et la responsabilité du pouvoir développèrent rapidement chez elle une maturité précoce. Ses traits ne nous ont été conservés par aucune miniature contem-

(1) Archives du Nord, B. 756.
(2) Id., B. 759.

poraine. Il n'existe pas même d'elle un de ces portraits rétrospectifs comme les artistes de la Renaissance en firent tant des personnages et des princes des XIVe et XVe siècles. On ne peut se faire une idée de sa physionomie que par les empreintes de son sceau, et l'on sait que les graveurs du moyen âge ne se piquaient pas d'une grande exactitude dans la reproduction des traits des personnages. Cependant on peut dire que, dans son ensemble, l'allure physique sous laquelle elle apparaît sur son sceau correspond assez à celle que son caractère et les événements auxquels elle fut mêlée permettent de lui attribuer. Elle y est représentée comme une femme de taille au-dessus de la moyenne, les jambes longues et le buste court, la tête forte, les traits en général sans finesse, le menton carré et le front bas semblant marquer un caractère énergique et tenace, capable de ne reculer devant aucune résolution pour arriver à son but. En un mot, si on nous permet d'employer l'expression appliquée par Henri VIII, après le désenchantement, à Anne de Clèves, c'est tout à fait le type de la grande cavale flamande. Ce n'est pas ici le lieu de retracer la suite des événements qui remplirent la vie si agitée de cette princesse. Sa biographie mériterait pourtant une étude digne de la plume d'un érudit historien. Nous nous contenterons dans cette simple notice de la résumer sommairement.

Veuve à dix-huit ans avec deux enfants en bas âge, dans une cour et dans un pays étrangers, qu'elle n'avait pu connaître que très imparfaitement pendant ses quatre années de mariage, la comtesse de Bar se trouva immédiatement aux prises avec de grandes difficultés. Pierre de Bar, cousin de son mari et grand oncle des princes mineurs, essaya d'abord de lui disputer la régence. Pour la conserver, elle dut faire alliance avec le duc de Lorraine. Le roi de France la soutint aussi et, par une sentence du mois de février 1346, il débouta Pierre de Bar de ses prétentions en lui accordant, toutefois, 2,000 livres tournois, ainsi que 200 livrées de terre à Henri de Bar son fils [1].

Son autorité une fois affermie dans le Barrois, Yolande dut s'occuper de ses possessions de Flandre dévastées par les partisans des Anglais. On la voit à Dunkerque, en 1348, confirmer la franche fête ou foire qui se tenait dans cette ville pendant huit jours à partir du samedi après la Pentecôte [2]. C'est de l'année suivante que date la première explosion de son caractère violent et emporté. Le roi de France ayant par une dispense d'âge déclaré le comte Édouard, apte à gouverner ses États, Yolande se révolta contre cette décision et fit insulter gravement le bailli de Sens, venu dans le Barrois pour procéder à l'exécution de l'ordonnance royale. Mais devant la menace d'un châtiment sévère, la comtesse s'inclina, demanda pardon de sa désobéissance au Roi, qui lui fit à cette occasion délivrer des lettres de rémission [3].

[1] Dom Calmet, *Histoire de Lorraine*, tome II.
[2] Archives du Nord, B. 823.
[3] A. Duchesne, *Preuves de la maison de Bar*, p. 48.

En 1350, elle assista au sacre du roi Jean le Bon, et nous avons le compte des dépenses faites pour son voyage à Reims (1). Il semble que la déclaration de majorité du comte Édouard, âgé alors seulement de onze ans, n'avait pas enlevé complètement à sa mère la direction du gouvernement du Barrois. Son principal effet avait été d'associer le jeune prince aux actes de la régente dont les instruments apparaissent alors revêtus des deux sceaux de la mère et du fils (2). Mais dès que le projet de mariage préparé entre elle et un de ses cousins, Philippe de Navarre, comte de Longueville, second fils de Philippe d'Évreux et de Jeanne de France, eut été divulgué, Jeanne de Bar, comtesse de Garennes, fille du comte Henri III, éleva des prétentions à la tutelle de ses petits neveux et à la régence du Barrois. Appuyée par l'évêque de Liège, Thibaut de Bar et par Henri de Bar, elle finit par amener Yolande à lui céder le pouvoir, en vertu d'un traité conclu au mois de juin 1352 (3). Mais le comte Édouard étant venu à mourir, le roi Jean le Bon prit à cœur les intérêts de son frère et successeur, le jeune Robert, à peine âgé de dix ans. Il lui octroya des lettres de bénéfice ou de dispense d'âge afin que ses États pussent être gouvernés, en son nom, par le bailli de Sens qui fut chargé de cette mission (4). En vain Yolande essaya-t-elle de revenir sur le traité qu'elle avait consenti et de reprendre en mains le pouvoir. Après s'être emparée de plusieurs places du Barrois, elle se vit contrainte de renoncer à son entreprise. D'ailleurs, dans les premiers mois de l'année 1353, elle épousa Philippe de Navarre, qui prit le titre de seigneur de Cassel (5). Par une sentence, en date du 13 juin 1353, Jean le Bon débouta à la fois Jeanne de Garennes et Yolande de leurs prétentions au gouvernement du comté de Bar qui resta confié au bailli de Sens (6).

En 1354, l'empereur Charles IV donna à Robert le droit de gouverner lui-même la partie de ses États qui relevait de l'Empire, c'est-à-dire, les terres d'Outre-Meuse, et l'année suivante le roi de France érigea le comté de Bar en duché.

Les prières d'Yolande, qui était venue trouver l'empereur Charles IV à Metz, n'auraient pas peu contribué, paraît-il, à l'acte d'émancipation de son fils et à l'érection de la seigneurie de Pont-à-Mousson en marquisat. Aussi on la voit, à partir de ce moment, reprendre son influence sur l'esprit du jeune prince. Cependant le comte de Longueville est toujours tenu à l'écart du gouvernement du duché de Bar auquel il osait prétendre. Il s'appuyait, pour satisfaire son ambition, sur l'alliance conclue par lui avec le duc de Lorraine, à Foug, le 15 novembre 1354, et qui ne tendait

(1) Archives du Nord, B. 3247.
(2) Dom Calmet, *Histoire de Lorraine*, tome II.
(3) A. Duchesne, *Preuves de la maison de Bar*.
(4) Du Fourny, *Inventaire de Lorraine*, tome II.
(5) P. Anselme, tome I, p. 283.
(6) Servais, *Annales du Barrois*, tome I, p. 16.

à rien moins qu'à soustraire le Barrois au protectorat de la France. Mais le jeune duc, sur les conseils de son cousin Henri de Bar, ne se laissa pas entraîner dans cette politique qui aurait pu lui être fatale ; par ses ordres, Philippe de Longueville fut arrêté et emprisonné au château de Nonsard (10 avril 1355). Il ne put sortir de prison qu'au mois de janvier 1356, et après s'être engagé à quitter le Barrois. A la tête des troupes de son frère, Charles le Mauvais, il alla guerroyer contre le roi de France et ravager la Normandie. Yolande de Cassel, restée dans son château de Clermont-en-Argonne qu'elle avait reçu en douaire, continuait à y intriguer pour amener ses fils à suivre le parti de Navarre. Mais le dauphin Charles déjoua ses projets et maintint le duc dans le devoir. Philippe de Navarre poursuivit les hostilités, même après le traité de Brétigny, jusqu'au moment où il tomba malade et mourut à Vernon le 30 août 1363 [1]. Yolande, veuve pour la seconde fois, obtint du Parlement de Paris une sentence qui l'autorisa à renoncer à la communauté de biens à l'encontre des héritiers de son mari [2].

En 1356, Robert était devenu en fait majeur, et Henri de Bar aurait dû définitivement abandonner la direction du gouvernement. C'était le moment où Philippe de Longueville, sorti de prison, tenait la campagne contre le roi de France. Yolande avait quitté son château de Clermont pour rentrer à la cour de son fils, qui n'avait pas tardé à subir de nouveau son ascendant. Elle avait alors trente ans, c'est-à-dire qu'elle était dans la pleine force de l'âge, celui où le caractère est complètement formé et où les mouvements de l'âme sont le plus impérieux.

Les circonstances difficiles qu'elle venait de traverser, celles dans lesquelles elle se trouvait encore, allaient de nouveau donner carrière au penchant à la violence et à la colère que nous avons déjà vu se manifester chez elle. A peine, en effet, a-t-elle ressaisi le pouvoir qu'elle entraîne le duc dans une lutte contre l'évêque, le chapitre et la ville de Verdun, à propos de la propriété de quelques terres, litigieuse entre le Barrois et l'évêque de Verdun. Pour soutenir la guerre, Yolande déploya beaucoup d'énergie et d'activité, leva des troupes en Flandre, prit à son service un corps de Polonais, mit ses joyaux en gages, enfin n'hésita même pas à faire frapper de la fausse monnaie au coin du roi de France. Pour ce crime, ainsi que pour l'incendie du village d'Auzeville et le meurtre de deux chanoines que le chapitre de Verdun lui avait envoyés en parlementaires, et qu'elle fit noyer dans les fossés de son château de Clermont, elle encourut une triple excommunication dont elle ne fut relevée que plusieurs années plus tard. Il est vrai qu'en attendant son absolution elle multiplia les dons aux églises, les vœux et les pèlerinages afin de conjurer l'effet des foudres ecclésiastiques.

(1) Archives du Nord, B. 882.
(2) Id., *ibid.*

Mais, chez elle, comme nous l'avons déjà fait remarquer, la violence était intermittente, et, quand il était nécessaire, elle savait plier et obtenir par la ruse et l'habileté, ce que la force n'avait pu lui donner. C'est ainsi qu'elle conduisit son fils, le 19 mars 1364, au sacre de Charles V et sut gagner l'esprit du nouveau roi et l'amener à accorder au duc de Bar la main de sa jeune sœur, Marie de France. Elle espérait sans doute que cette haute alliance, contractée sous ses auspices, assurerait définitivement son influence dans le cœur de Robert. Il n'en fut rien. Celui-ci avait alors vingt-deux ans, et tout en montrant toujours une grande déférence pour sa mère, il prit en mains les rênes du pouvoir dont il la tint définitivement écartée.

La vie tranquille et obscure que les circonstances et son veuvage imposèrent alors à Yolande dans ses châteaux de Clermont-en-Argonne, du Bois de Nieppe, et même dans son hôtel de la rue Cassette, à Paris, n'était pas faite pour plaire à sa nature turbulente et inquiète. Aussi, à partir de ce moment, elle épia toutes les occasions qui pouvaient lui permettre de rentrer sur la scène politique. Le duc Robert ayant pris parti dans une guerre privée entre son cousin Pierre de Bar et les Messins, tomba dans une embuscade que lui tendirent ces derniers et fut emmené prisonnier à Metz. Il ne recouvra la liberté que moyennant une rançon de 140,000 francs (avril 1368). Yolande contribua au paiement de cette somme pour 11,000 florins qu'elle emprunta à des Lombards de Bruges. Elle dut leur engager comme garantie, ses joyaux, *couronnes, chapels et treschons d'or* (20 avril 1370) [1]. Cependant elle ne retira pas du service signalé qu'elle venait de rendre à son fils l'avantage immédiat qu'elle en espérait et qui était de le voir écarter de sa cour ses cousins, les princes de Bar, pour qu'elle pût y rentrer et reprendre son influence. La déception fut si grande, et elle en conçut un tel ressentiment, qu'elle ne fut pas maîtresse de sa colère. Avec le concours de quelques-uns de ses dévoués conseillers, entre autres de Thiébaut de Bourmont, et de chefs des grandes compagnies à qui la paix avait donné des loisirs, elle conçut et tenta un coup de force qui réussit pleinement. Vers le milieu du mois de janvier 1371, elle fit enlever et arrêter son fils, le duc Robert, *sans aucune cause raisonnable*, ainsi que celui-ci le dit lui-même dans la plainte qu'il parvint à faire remettre au roi, son beau-frère. Charles V, ému d'une telle audace, intima à la Comtesse l'ordre d'élargir le duc qui fut, en effet, mis en liberté après quelques semaines de détention. Mais Yolande, contrainte de céder ouvertement devant la volonté royale, méditait de la braver bientôt de nouveau. Peu de temps après, elle osa faire arrêter à Vincennes, à quelques pas du château habité alors par Charles V, Henri de Bar qu'elle considérait comme son ennemi personnel, celui dont l'influence contrebalançait la sienne dans l'esprit de son fils. Malgré les ordres lui prescrivant de le relâcher, elle le fit traîner de prison en pri-

[1] Archives du Nord, B. 927.

son, et non contente de ce premier mépris de l'autorité royale, elle fit saisir et mettre à mort un huissier ou sergent du roi, Colars de Marizy, ainsi que son valet. Louis de Berzus, chevalier, également arrêté en France, et un clerc du nom de Vauresson, eurent le même sort au château de Clermont-en-Argonne [1].

Cette fois, c'en était trop, et Charles V usant des mêmes moyens que sa vassale révoltée, chargea le sire de Louvoix, assisté de Jean d'Arrentières et de quelques autres hommes dévoués, de s'emparer de la personne d'Yolande. Cette ordre fut exécuté le 26 avril 1371, au château de Bar, où la comtesse fut arrêtée avec sa suite, composée des officiers et serviteurs, dont les noms reviennent souvent dans les comptes : Thiébaut de Bourmont, Jean de Winnezeele, Marie, sa femme, Wauthier de Bousies, chevalier, Wauthier de Hondschoote, Léurequin Lefebvre, huissier, Béatrix de Hane, demoiselle d'honneur, Amélie ou Emmelinette, femme de chambre. Yolande fut enfermée séparément au château d'Arrentières, pendant que les gens de sa maison étaient incarcérés à Maigniéville. Transférée successivement au château de Bar-sur-Aube, puis dans celui de Sens, où elle resta quinze mois, elle finit par être détenue dans une des tours du Temple, à Paris, dont elle occupa deux étages. Au mois de septembre 1372, elle réussit à s'échapper et déjà elle atteignait les confins de la Flandre et de son domaine du Bois de Nieppe, quand un chambellan du roi de France, le sire de Longueval, stimulé par l'espoir d'une forte récompense, l'arrêta près des Fossés-Neufs et de Haveskerque, dans un étroit passage, où il la guettait. Il la ramena à Paris où elle réintégra sa prison du Temple, dont elle ne devait plus sortir qu'au mois d'octobre 1373. Les conditions que le roi lui imposa pour sa mise en liberté furent très dures. Connaissant son caractère violent et vindicatif, il l'obligea d'abord à accorder aux sires de Louvoix et de Longueval qui l'avaient arrêtée, le premier à Bar et le second aux Fossés-Neufs, des lettres portant décharge de toute poursuite et de toute recherche à cette occasion. Puis, elle s'engagea, sous peine d'excommunication, à ne chercher aucun prétexte, à ne solliciter aucune aide de la part de papes, d'empereurs ou de rois, pour se délier des obligations qu'elle prenait sous les verrous et qui devaient être ratifiées par le comte de Flandre (28 août 1373). Les lettres de ratification de Louis de Male furent octroyées le 10 septembre suivant.

Yolande consentit d'abord à l'élargissement d'Henri de Bar, toujours détenu par ses ordres au château de Clermont, puis à la remise des châtellenie et forteresse de Clermont, des seigneuries de Cumières et de Vienne-le-Château qui devaient rester entre les mains du roi aussi longtemps qu'il le jugerait convenable. Elle promit de ne pas disposer de ses terres de Flandre au préjudice des droits du duc de Bar et de ses héritiers, et de laisser sa succession sans partage à ce prince, ou à son fils aîné, à la réserve de 3,000 livrées de terre, dont elle pourrait faire

[1] Servais, *Annales du Barrois*.

des libéralités entre-vifs ou testamentaires. Pour plus de sûreté à cet égard, le roi voulut que la Comtesse assurât immédiatement à son fils la propriété des terres qu'elle avait en France, dont la jouissance viagère lui resta toutefois garantie comme de celles de Flandre [1].

Ce fut le 24 octobre 1373 que le roi signa au château de Vincennes, les lettres de rémission octroyées à Yolande, et deux jours après, sous la sauvegarde de ces lettres, elle sortit de prison. Elle séjourna quelques jours à Paris pour s'occuper de ses affaires pécuniaires et contracter des emprunts. Elle s'achemina ensuite vers le Barrois. Elle ne passa qu'un mois ou deux à Bar et à Clermont, et au commencement de l'année 1374, on la trouve en Flandre dans son château de la Motte au Bois de Nieppe qui devait, jusqu'à sa mort, rester sa résidence préférée.

A partir de ce moment, le rôle politique joué par la comtesse de Bar peut être considéré comme terminé. Ce n'est pas qu'elle n'ait plus éprouvé le désir de se mêler aux intrigues qui se nouèrent en Flandre contre l'autorité royale. Mais les conditions de sa mise en liberté avaient été si habilement rédigées qu'elles lui liaient les mains. Avec l'âge était venu peut-être aussi le goût du repos, ainsi que l'esprit de prudence et de circonspection qui lui avait manqué jusqu'alors. Elle comprit qu'elle avait tout à perdre à sortir de l'attitude désormais secondaire que les circonstances lui avaient imposée.

Ce fut au château de Nieppe, et non à Metz, comme l'écrivent l'*Art de vérifier les dates* et la plupart des historiens de Flandre et de Lorraine que mourut Yolande de Cassel, le 12 décembre 1395 [2].

Le rapide coup d'œil qne nous venons de jeter sur la vie de la comtesse Yolande suffit pour montrer l'intérêt qu'elle présente pour l'histoire du XIVe siècle. L'historien dom Calmet termine ainsi le jugement qu'il porte sur cette princesse : « La comtesse douairière Yolande fut habile dans l'art de gouverner, hardie, entreprenante et capable des plus grandes choses [3] ». Selon Mgr Dehaisnes, « dans l'histoire du nord de la France, peu de figures attirent plus vivement l'attention que celle d'Yolande de Flandre, dame de Cassel. Vertus et crimes, puissance et faiblesse, richesse et gêne, goût pour la guerre et pour les arts, les tendances les plus opposées et les fortunes les plus diverses se rencontrent dans l'existence agitée de cette princesse, mêlée à tous les faits importants de l'histoire de la France et de la Flandre durant la seconde moitié du XIVe siècle » [4].

(1) Servais, *Annales du Barrois*, tome I, p. 277.

(2) Archives du Nord, B. 1256. — Supplique adressée au duc Robert de Bar par les proviseurs de la paroisse de Morbecque, dont dépendait le château de Nieppe, afin d'obtenir des aumônes, en considération de ce que la comtesse de Bar est décédée dans ladite paroisse.

(3) Dom Calmet, *Hist. de Lorraine*, tome II, p. 530.

(4) *Histoire de l'Art en Flandre*, tome I, p. 469-470.

Nous ajouterons que pour bien se rendre compte des apparences contradictoires du caractère d'Yolande, il faut faire la part chez elle de la fougue semi-barbare et tudesque qu'elle tenait du vieux sang des comtes de Flandre par son père, et de l'obstination et de la tenacité bretonnes dont elle avait hérité de sa mère. Puis son enfance passée en grande partie à la cour de France, sa jeunesse à celle de Bar, enfin surtout sa seconde alliance avec Philippe de Longueville, qui ne le cédait à son frère Charles le Mauvais, ni pour l'ambition, ni pour le goût de l'intrigue, de la perfidie et des coups de force, avaient bien été de nature à développer ses penchants à la domination et à la violence. Somme toute, avec sa dévotion superstitieuse et théâtrale, avec son amour du luxe et des arts, et surtout avec son peu de scrupule pour parvenir à ses fins, elle n'eût pas, deux siècles plus tard, déparé une cour italienne de la Renaissance.

L'hôtel de Robert de Cassel et de Jeanne de Bretagne apparait, dans les comptes déposés aux Archives du Nord, organisé à l'instar de celui des comtes de Flandre, organisation qui différait peu, du moins dans son ensemble, de celle de l'hôtel du roi de France. A sa tête se trouvait un officier prenant le titre de maître d'hôtel, qui avait la haute main sur tout le personnel et la direction générale de la maison. Ses fonctions sont parfaitement définies dans les lettres de commission qui nous sont parvenues, des deux maitres d'hôtel de Jeanne de Bretagne, Simon de Crécy et Guillaume Estandart. Moyennant un traitement annuel de 300 livres parisis, payables en deux termes, à la fête de Sainte Madeleine et le dimanche des Brandons, Simon de Crécy s'engage à résider continuellement auprès de la dame de Cassel, à ses dépens, avec trois chevaux, un pour lui, un pour son valet, et un pour ses bagages. Il la suivra partout où elle jugera convenable de se transporter, en Perche, en Flandre ou ailleurs, sans faire d'autres absences que les deux suivantes, savoir : au mois d'août pour les moissons, et au mois d'octobre pour les vendanges, et chacune de trois semaines seulement, congés qui lui sont accordés pour le soin de ses affaires personnelles. Il promet de desservir bien et loyalement, le mieux qu'il pourra, l'office de maître d'hôtel, de surveiller tous les autres offices de l'hôtel qui en dépendent, de les visiter et de s'informer si ceux qui en sont chargés s'en acquittent au mieux des intérêts de la dame de Cassel. Chaque soir, il assistera à la reddition des comptes, veillera à ce qu'ils soient régulièrement établis et débattra les intérêts de sa maîtresse, sans prendre égard à personne. S'il s'aperçoit de quelque irrégularité dans un des offices, il en préviendra Madame après avoir adressé une première et une seconde fois, au besoin, des observations à ceux qui s'en seraient rendus coupables. Il s'acquittera des voyages, messages et ambassades dont il sera chargé, le plus diligemment qu'il pourra. Il donnera des ordres à l'huissier ou à celui qui le remplacera, afin que nul étranger ne vienne s'asseoir dans la salle à manger, pour le dîner ou pour le souper, s'il n'est connu et si sa présence n'est motivée. Il s'efforcera en tout de faire le profit de la dame de Cassel et d'éviter son dommage, sans recevoir nul don, ni courtoisie, si ce n'est avec son autorisation. Outre ses gages, il est stipulé qu'il recevra les robes de livrée, comme les chevaliers d'honneur de la dame de Cassel, et que ses chevaux qui viendraient à périr dans l'accomplissement de son service, seraient remplacés aux frais de la dite dame [1].

A Simon de Crécy, succéda comme maître d'hôtel de Jeanne de Bretagne, Guillaume Estandart, chevalier, dont les lettres de commission, en date du 29 avril 1335, sont libellées à peu près dans les mêmes termes que celles de son prédécesseur. On n'y rencontre que deux ou trois clauses additionnelles, entre autres celle portant que si le maître d'hôtel est appelé à donner conseil sur les affaires de la dame de Cassel, il devra le faire le mieux qu'il pourra, « à son pooir et à son honneur et profit ». Il ne recevra don, promesse, ni courtoisie autres que vins et viandes qu'il pourra consommer en deux ou trois jours, si ce n'est avec l'autorisation de Madame. C'est à lui que tous les autres officiers de l'hôtel prêteront serment, et il conservera l'inventaire de tous les ustensiles et de la vaisselle de la maison, de la bouteillerie, de la paneterie, de la cuisine, de la *fourrière*. Il rendra aux étrangers admis à l'hôtel les honneurs dûs à leur rang et à leur état en ayant soin de toujours garder aussi l'honneur et le rang de Madame. Il veillera à ce qu'aucun valet, lorsque son maître aura quitté l'hôtel, ne reçoive ni vin, ni viande, et à ce qu'aucun écuyer, à moins de jouir du droit d'avoir un cheval à l'hôtel, n'ait à son service un valet aux dépens dudit hôtel [2].

Sous les ordres du maître d'hôtel se trouvaient les autres officiers : le queux ou maître de la cuisine, le panetier, le bouteiller, le chambellan, le fourrier et le maréchal. Les comptes nous ont conservé les noms de quelques-uns de ces officiers de Robert de Cassel et de Jeanne de Bretagne, entre autres ceux de Rénier, le queux, qui touchait 32 livres de gages par an [3], de Baudet, le queux, qui reconnut avoir reçu pendant les huit années qu'il avait été au service de la dame de Cassel, les gages de 10 livres par an, plus une petite provende sa vie durant, assignée en Flandre, avec un cheval et une robe [4], et celui du valet de cuisine Simonnet [5]. Nous n'avons pas rencontré les noms des chambellans, ni ceux des panetiers et des bouteillers. En revanche, nous avons celui du fourrier

[1] Archives du Nord, B. 3245, 7 mars 1332-1333 (n. st.).
[2] Id. *ibid.*
[3] Id., B. 3245.
[4] Id., B. 3246.
[5] Id., *ibid.*

Simon de Badonville [1], des physiciens ou médecins, le lombard Richard de Vérone et Jean de Poligny, dont les gages étaient de 40 livres par an [2], de l'épicier Mahiet, d'Epernon. En vertu d'un contrat spécial, ce dernier s'était engagé, moyennant 30 livres parisis une fois payées et la livraison des robes d'été comme aux autres gens de la maison, à servir Jeanne de Bretagne, sans autres gages, de son métier d'épicier comprenant la composition des onguents (*ouvrage de lectuairie*) et toutes les besognes d'*apothicairie* [3].

Le maître d'hôtel ne paraît pas avoir eu sous ses ordres les clercs chargés de la comptabilité des recettes et des dépenses. Ils relevaient directement du chapelain. Les chapelains de Jeanne de Bretagne furent Denis Aliot et Guillaume Le François, avec les clercs Étienne Boileau, Denis Champigneau, Hugues Duchêne et Jean de Aye [4].

Le plus intéressant des comptes de la maison de Robert de Cassel et de Jeanne de Bretagne est celui qui s'étend du dimanche, jour de la Sainte-Croix (14 septembre), jusqu'au dimanche après la Saint-Denis (13 octobre) 1326. Dans cet intervalle de près d'un mois, on voit le sire de Cassel partir de Chartres pour venir à Alluyes, puis à l'abbaye de Bonneval, à Brou, à la Bazoche, à Montmirail, à Beaumont-les-Autels, à Nogent-le-Rotrou. Les recettes de l'hôtel s'étaient élevées à 253 livres, 5 sols, 6 deniers parisis et les dépenses à 130 livres, 6 sols, 4 deniers, même monnaie [5].

Nous avons des renseignements beaucoup plus complets sur l'organisation de l'hôtel d'Yolande de Cassel, comtesse de Bar, et sur les officiers et serviteurs qui le composaient.

A ceux fournis par les lettres de commission de Simon de Crécy et de Guillaume Estandart, viennent s'ajouter d'autres bien plus précis donnés par une véritable ordonnance ou keure réglant l'état des officiers de la comtesse de Bar, alors veuve (1352), et de ses deux fils Édouard et Robert. Le service de la comtesse comprenait : un chevalier d'honneur, ayant à sa disposition trois chevaux; un maître d'hôtel, avec deux chevaux; un écuyer tranchant, avec deux chevaux; un secrétaire pour écrire et chanter, avec un cheval; un échanson, avec deux chevaux; quatre clercs de l'hôtel et de la cuisine, avec chacun un ou deux chevaux et un valet; un huissier, avec un cheval et un valet; un bouteiller avec un cheval; un panetier, avec un cheval; un fournier pour cuire le pain, avec un aide, des servantes, un valet et un cheval; un tailleur, avec une femme pour l'aider, un cheval et un valet; un chambellan; deux femmes de chambre et une lavandière; un peintre; trois messagers; un pelletier, deux valets pour garder et soigner les bœufs et les moutons; deux pale-

(1) Archives du Nord, B. 3245 et 3246.
(2) Id., B. 3246.
(3) Id., *ibid.*,
(4) Id., B. 3245, 3246.
(5) Id., B. 3245.

trois pour le service personnel de la comtesse; deux pour celui de Madame Alix, gouvernante de ses enfants, et d'une femme de chambre; deux pour celui des deux demoiselles d'honneur de la comtesse; un pour leur femme de chambre; un palefrenier avec un cheval et deux valets; un cheval de somme et un valet pour le conduire; un chariot avec cinq chevaux; un charretier et un valet, soit 54 personnes et 38 chevaux pour le service de la comtesse.

Il est ordonné que nul ne passerait plus d'une nuit à la cour, à moins d'ordre précis de Madame. Nul ne mangera dans la chambre qui lui est réservée, si ce n'est en cas d'extrême nécessité. On ne portera pas non plus à manger hors de l'hôtel, d'où il ne devra sortir ni pain, ni vin, ni viande, à moins d'ordre spécial du maître d'hôtel. Tous ceux qui n'ont pas chambre à l'hôtel ne devront pas y passer la nuit. Chaque soir le maître d'hôtel devra faire le compte de la dépense, en présence du chevalier d'honneur, de maître Thiébaut de Bourmont, chancelier et conseiller de la Comtesse, et de Simon de Foug, son chapelain. Les comptes seront soumis chaque soir à la princesse, ou tout au moins chaque semaine, le samedi soir au plus tard.

Le service des deux jeunes princes comprenait: le chancelier ayant à sa disposition trois chevaux; un écuyer tranchant avec deux chevaux, attaché à la personne d'Édouard de Bar; un autre aussi avec deux chevaux, attaché à son frère Robert; messire Copi[illegible], précepteur des deux princes avec un cheval et un valet; Alice, gouvernante d'Édouard et [illegible], gouvernante de Robert; Marguerite de Rampont, femme de chambre; Guyétan et Philippe, valets de chambre; Jacquemin, leur aide; Thomassin, valet de cuisine; un mercier, avec un cheval. Soit vingt personnes avec onze chevaux, attachés au service des deux jeunes princes. Le personnel de l'hôtel était donc en tout de soixante-quatorze personnes et de quatre-vingt-dix-neuf chevaux [1].

Les noms des principaux officiers et serviteurs de la comtesse de Bar nous ont été conservés. Ce sont ceux : de ses chevaliers d'honneur Henry de Vouziers et Jean de Blumerey [2]; de ses maîtres d'hôtel : Wauthier de Bras, Husson de Champlon, Habelot de Mercey ; de ses secrétaires : Pierre de Sacquenay et Jean Boit; de ses chapelains : Simon de Foug, messire de la Manthe, Guillaume, Jean le Blonde, Jean de Robertespaigne, Jean de Foug, Jean de Williers, Jean le Hâcle, Jean Lescripvain, Richer de Saint-Mihiel; de ses demoiselles d'honneur et femmes de chambre: Marguerite de Rance, Stéphanie, Catherine, Emmeline ou Melinette; de ses valets de chambre appelés aussi chambellans : Jannin et Baudet Le Mol, Wauthier Buc, avec les huissiers Godefroy et Guillaume le Bouchier; de son écuyer tranchant Jean Maître ; de son maître-queux Sohiers avec le

[1] Archives du Nord, Chambres des Comptes de Lille, B. 3247.
[2] Id., *ibid.* et *passim* pour les noms qui suivent.

**

valet de cuisine Simonnet et le pâtissier Perrot ; de ses panetiers Martin Lesage et Robert de Langhelée; de ses bouteillers Jacques de Houdain et Testart Montreuil ; de ses fourriers Leurequin Lefebvre, Renaudin et Sauvage de le Court; de son maréchal Jean Baillet avec les palefreniers Philippin et Reppin et le valet de litière Mélier; de son tailleur Pierre, de ses brodeurs Hannequin et Aubry de Condé ; de son pelletier Jean et de son peintre Drouwin ; de ses fauconniers Wuillaume et Hannequin ; de ses physiciens ou médecins Jean de Poligny, Jean de Mâcon et Florent; des clercs de l'Hôtel, Guillaume le Tonnelaire, Gilles, Joffroy Saer, Roger de Metkerke.

Quand Yolande de Cassel eut cessé d'exercer la régence du duché de Bar et qu'elle vint habiter presque continuellement son château du Bois de Nieppe, ce personnel fut considérablement réduit. Ainsi, d'après un état dressé le 24 novembre 1370, il ne comprenait plus que vingt-six personnes avec vingt-quatre chevaux [1].

Les offices de son hôtel furent les mêmes que ceux de l'hôtel de sa mère, Jeanne de Bretagne, et les comptes les mentionnent dans l'ordre suivant : la cuisine ; la paneterie ; la bouteillerie ; la chambre ; la fourrière ou *fourrerie* ; la maréchaussée. Ils comprennent, en outre, un article intitulé : commune dépense. Les dépenses de cuisine se divisaient en : dépenses à *deniers*, c'est-à-dire les achats des denrées nécessaires à la table de la Comtesse et de ses commensaux, officiers et serviteurs et les dépenses *de pourvéances*, c'est-à-dire la consommation des provisions de volailles, viandes fraîches et salées, poisson, etc., en réserve dans les châteaux habités par la dame de Bar.

Les denrées que l'on voit journellement achetées sont les suivantes : vinaigre, verjus, huile, moutarde, beurre, fromage, lait, lard, œufs, pois secs et frais (en cosses), herbes potagères diverses désignées sous l'appellation de *jonces*, persil, aulx, oignons et *eschalongues* (échalottes), rarement des fruits, car le dessert n'était pas mangé à table, mais dans les chambres et rentrait dans les dépenses du chambellan ; quelquefois de la viande fraîche, surtout celle de veau, des chapons et du gibier, entre autres des lapins ou *connins*, des perdrix, des faisans, des butors et autres oiseaux d'eau, des chevreuils accommodés surtout en pâtés, rarement des lièvres. C'était surtout les jours maigres que les achats de poisson de mer et d'eau douce étaient nombreux. Les poissons mentionnés sont : les harengs blancs, mollets et saurs, les merlans, les cabillauds, les saumons, les moules, les maquereaux, les aloses, les rougets, les soles, les *grainces* (sorte de turbot ou de barbue), les raies, les anguilles, les brochets, appelés *becques* et que l'on distinguait en brochets *fendix* et en brochets *quarraux* ou moindres, les truites, la menuise ou petits poissons, la vaudoise, la loche, les vairons et les montagneux, la vive, la brême et a carpe. On voit qu'on accommodait le poisson en meurette et en galan-

[1] Archives du Nord, B. 3257.

tine[1]. Parmi les dépenses de cuisine figuraient les achats d'une partie des épices, dites de cuisine, qui comprenaient entre autres le poivre, les amandes, le sucre. Les autres épices, dites de chambre, étaient comprises dans les dépenses de l'office du chambellan.

Les *pourvéances* ou provisions fournissaient principalement à la cuisine des quartiers de bœuf, quelquefois même du bœuf salé, des moutons qu'on appelait *chastrons*, des flèches ou bandes de lard, des gelines ou poules provenant des redevances seigneuriales. Un boucher était attaché spécialement au service de l'hôtel pour tuer les animaux de boucherie achetés par troupeaux, gardés dans les enclos dépendant du château du Bois de Nieppe[2].

Le panetier avait sous ses ordres un fournier avec un aide et une servante chargés de pétrir et de cuire le pain servant à la consommation de l'hôtel. On en faisait de deux qualités. Le premier, dit de *bouche*, était réservé pour la table de la Comtesse et de ses commensaux, et le second, appelé pain de *tinel* était destiné aux officiers et serviteurs de la maison[3]. Le panetier avait surtout la charge d'acheter les blés que ne fournissaient pas les greniers des espiers, de recevoir ceux qui provenaient des redevances seigneuriales et d'en surveiller la distribution pour la consommation journalière. D'après une quittance du panetier Martin Lesage, il aurait reçu pour l'approvisionnement de l'hôtel du 26 novembre au 30 décembre 1379, sept razières de blé pour faire le pain de bouche et cinquante-deux razières pour le pain de *tinel*, le tout à la mesure d'Hazebrouck, d'après laquelle la razière valait un hectolitre soixante-douze litres. La consommation aurait donc été dans l'intervalle d'un mois, de douze hectolitres de blé de première qualité et de quatre-vingt-neuf de seconde qualité, soit en tout cent onze hectolitres[4].

Le bouteiller paraît n'avoir eu sous ses ordres que deux valets, l'un chargé du soin de la cave où étaient conservés les vins de *pourvéance* et l'autre de celui de la vaisselle comprenant les verres à boire, appelés *godets*. Il y avait plusieurs sortes de vins ; les vins de taverne, c'est-à-dire achetés au cabaret et destinés au *tinel* et aux officiers subalternes ; les vins pour les valets, d'une qualité encore inférieure ; enfin les vins de bouche pour l'usage de la table de la Comtesse. Ceux-ci dits de *pourvéance* ou de la cave, provenaient soit d'acquisitions, soit de présents offerts à Yolande[5]. On voit le bouteiller acheter des vins de Saint-Jean-d'Angély et de La Rochelle à Gand et à Dunkerque, des vins du Rhin, des vins

[1] Archives du Nord, B. 3246 et 3256.

[2] Voir, pour tout ce qui concerne les denrées achetées pour le service de la cuisine ou gardées en provision, les comptes de l'hôtel analysés dans les articles B. 3247, 3248, 3252, 3253, 3254, 3255 et 3256 de l'Inventaire des Archives du Nord, tome VII.

[3] Archives du Nord, B. 3260.

[4] Id., *ibid.*

[5] Id., B. 3255 et *passim.*

de Beaune en Bourgogne, de Revigny dans le Barrois, d'Aï en Champagne. Il y avait même à l'hôtel des vins de dessert, tels que le grenache. Quant aux pots en terre ou en bois servant à mesurer les lots ou setiers de vin pour la distribution et aux godets ou verres à boire, ils étaient fournis généralement par les verreries de l'Argonne. Ainsi, le 7 février 1360, le maître d'hôtel Habelot de Mercey atteste que Jean Chauvines, maître des fours de l'Argonne, a délivré en l'hôtel de la Comtesse de Bar à Clermont, mil huit cents écuelles de bois (fust) et sept *faix* de verres et *godets* au prix de neuf sols le *faix*.

Les principales dépenses du service de la chambre comprenaient les acquisitions de cire, de *linement* ou huile de lin et de torches pour l'éclairage des appartements de la Comtesse et de l'hôtel, de fruits et d'épicerie fine, dite de *chambre*. Le chambellan était souvent aussi chargé d'acheter les draps, fourrures, bijoux et objets de toilette nécessaires à Yolande et à ses demoiselles d'honneur. La cire, l'huile de lin et les torches étaient fournies par les redevances seigneuriales. La consommation en était considérable. Ainsi le 25 décembre 1364, Baudet Le Mol, valet de chambre de la Comtesse, reçoit du receveur Jean de Revigny, cent quatre-vingts livres de cire, quarante livres de *linement* et douze bâtons de torche pour la provision de l'hôtel [1]. La consommation de la cire pendant le mois d'octobre 1365 fut de cinquante livres [2]. C'était le valet de chambre Baudet Le Mol qui, avec l'aide de son collègue, Wauthier Buc, convertissait la cire en bougie [3]. Une caisse renfermant six livres de cire coûtait vingt-quatre sols [4].

Les fruits achetés pour le service de la chambre étaient des cerises, pommes, poires de *Quaillouel* [5], noix, prunes de deux espèces les *pernelles* ou petites et les *belorces* qui étaient plus grosses [6]. Un cent de poires de *Quaillouel* était payé trois sols [7].

Les épices de chambre consistaient en sucre rosat, coriandre, gingembre, cannelle, poivre, graine de Paradis, safran, cloux de girofle, sucre blanc en pain, pignolat ou amandes de pomme de pin confites, fleurs confites, fleur de cannelle, sucre candi, mandragore, anis confits, raisins de Corinthe, noisettes, dattes, parfums et onguents, grenades dites pommes grenettes, ciboule d'Espagne ou piment, oranges, pâte de Roi (sorte de nougat), pignolat en roche, anis crus, noix muscades appelées noix muguettes, machis ou écorce de muscade pilée, avelines, figues [8].

(1) Archives du Nord, B. 3254.
(2) Id., B. 3255.
(3) Id., B. 3255.
(4) Id., B. 3253.
(5) Id., *ibid.*
(6) Id., B. 3257.
(7) Id., B. 3253.
(8) Id., B. 3255 et *passim*.

On délivre aussi au valet ou à la femme de chambre les fourrures et les objets de mercerie et de toilette suivants : pennes de menu vair, timbres de létices ou petit gris, or et argent de Chypre, or en feuille, or de sandit, boutons d'ambre muscat, soie vermeille et azur, patenôtres d'argent, patenôtres d'ambre blanc, soie de Paris, chapeaux ou voiles appelés *cuevrechiés*, drap tissu d'or et de soie appelé *baldequin*, draps de laine, ceintures ou courroies d'argent, étoffe appelée *camocat*, perles, ventres de menu vair, peaux de lapin ou de *connin*, chaperon d'étoffe de couleur rousse dite *tané*, cotte d'écarlate, chaperon de velours bleu ou *inde*, anneaux de courtine, satin vermeil, rubans, pennes de fourrure de lynx, appelées *luche*, cuir vermeil ou maroquin. On ne lira pas non plus sans intérêt les curieuses listes de commissions que la Comtesse chargea son valet de lui faire à Clermont en 1366 et à Paris en 1368[1].

Le fourrier avait dans ses attributions tout ce qui concernait les acquisitions et provisions d'avoine et de foin[2].

La maréchaussée comprenait tout le service de l'écurie. On voit souvent figurer dans ses comptes des dépenses pour la fabrication des chandelles de graisse de bœuf[3]. Il y avait aussi, quoique rarement cependant, dans les comptes de l'hôtel deux articles intitulés *forge* et *bourrelerie*. Dans le premier on voit figurer des réparations à une charrette [4] et dans le second l'acquisition de malles, de selles, de *warringles* ou sangles et de *troussaires* ou valises [5]. La réparation de la riche litière de la Comtesse faite à Saint-Omer en 1364 coûta 62 livres, 2 sols parisis [6]. Les peintres Jean de Saint-Omer[7] et Frémy de l'Étoile[8] travaillèrent plusieurs mois à la décorer.

La commune dépense correspondait à l'article qui figure dans nos budgets actuels sous le titre de *Dépenses diverses*. Ainsi on y rencontre les frais de la taille des cheveux du jeune Édouard de Bar (3 sols), les offrandes faites aux églises, les dépenses à l'occasion des frais de transport des denrées et du vin bu par les princes et par la Comtesse dans les tavernes lorsqu'ils étaient en voyage, le salaire des messagers, etc.[9].

C'étaient, ainsi que nous l'avons dit, les nombreux clercs de l'hôtel dont un ou plusieurs, selon son importance, étaient attachés à chaque office, qui inscrivaient les dépenses et en regard les recettes en deniers

(1) Archives du Nord, B. 3256 et *passim*.
(2) Id., B. 3247.
(3) Id. B. 3254.
(4) Id., *ibid.*
(5) Id., B. 3249.
(6) Id., B. 3254.
(7) Id., B. 3247.
(8) Id., B. 3255.
(9) Id., B. 3247.

ou en denrées fournies par les receveurs des domaines de la Comtesse. Il y avait un clerc spécial pour les pourvéances, chargé de tenir le registre des provisions en réserve dans les châteaux où habitait Yolande de Cassel, avec le compte des quantités de denrées remises aux différents officiers de l'hôtel.

Yolande, tant à cause de l'étendue et de la dispersion de ses domaines en Flandre, dans le Barrois et dans le Perche, que par suite de sa vie d'intrigues et d'aventures, voyagea beaucoup. Les détails donnés sur ses pérégrinations ne sont pas les moins piquants parmi ceux dont fourmillent les comptes de son hôtel. Les itinéraires qu'ils donnent sont précieux déjà pour la connaissance des routes et des voies de communication au moyen âge. Par l'état des frais du voyage qu'elle fit de Clermont-en-Argonne à Reims, pour assister au sacre du roi Jean le Bon, le 26 septembre 1350, on voit qu'elle séjourna d'abord à Hans-le-Grand (canton et arrondissement de Sainte-Menehould, Marne), où les dépenses des divers offices de son hôtel s'élevèrent à 43 livres 20 deniers. Elle n'arriva à Reims que trois jours après. Elle n'y passa qu'une journée, dont la dépense s'éleva seulement à 20 livres, 18 sols [1].

La même année au mois de juillet, elle était revenue de Flandre dans le Barrois. Sa première étape avait été La Leuze dans le Hainaut, où elle avait dîné et couché à l'hôtel du *Lanier Blanc*. Le lendemain à midi, elle avait dîné au Quesnoy, à l'hôtel de la *Tête-d'Or* ; le soir, soupé et couché à la Capelle en Thiérache chez Gilles de Baisieux ; le lendemain à midi, dîner à Aubenton en Thiérache [2]. Nous n'avons pas, malheureusement, la suite de cet itinéraire.

Celui de son voyage de Flandre à Paris est beaucoup plus complet et détaillé. Yolande arriva à Éclusiers-Vaux (arrondissement de Péronne, Somme), le lendemain de la Pentecôte, c'est-à-dire le 13 mai 1353, à midi et y fit un dîner composé de brochets, d'anguilles, de brèmes, de deux chapons et de six poulets. Le soir elle soupe et couche à Roye, en Vermandois. Son menu comprend du bœuf, du mouton, cinq chapons, des pois et des œufs. Le lendemain, 14, elle dîne à Estrées-Saint-Denis (arrondissement de Compiègne, Oise) où on lui fournit neuf poulets, du veau, du mouton, de la moutarde, des herbes potagères, etc. Le même jour, elle s'arrête en passant à Pont-Sainte-Maxence où elle dépense pour des rafraîchissements 32 sols 4 deniers. Le soir, souper et gîte à Saint-Leu. Les comptes de la cuisine mentionnent l'achat d'un mouton, de trois poulets, de cinq poules et de huit pigeons avec du verjus et des pois. Là, comme dans tous les autres endroits, il y a un article spécial pour

[1] Archives du Nord, B. 3247.
[2] Id., *ibid.*

« belle chière », c'est-à-dire pour l'argent donné en pourboire. Enfin, elle arriva à Paris à midi pour dîner avec son fils dans son hôtel du Colombier qui a donné son nom à la rue de Cassel devenue par altération rue Cassette. On trouvera dans le compte lui-même les intéressants détails dont il abonde sur son séjour dans la capitale [1].

En princesse pieuse, Yolande faisait souvent des pèlerinages aux sanctuaires en renom. On sait même qu'au moment où elle se livrait à l'égard de l'évêque et du chapitre de Verdun aux actes les plus violents, elle fit le vœu de donner à une église ayant un autel dédié à sainte Anne une statue en argent représentant cette sainte, et qui devrait avoir le poids du corps de son fils au moment où elle la ferait exécuter. Quand le moment fut venu d'accomplir ce vœu, il aurait fallu, paraît-il, employer 194 marcs d'argent pour fondre cette statue, et les imagiers et les orfèvres demandaient 600 écus d'or et une année entière pour y travailler. S'appuyant sur les dangers de vol qu'aurait courus un objet d'une si grande valeur de la part des seigneurs du lieu où il aurait été déposé, le pape chargea le cardinal François de Saint-Marc d'accorder à la comtesse de Bar une dispense pour la commutation de ce vœu. Elle fut en conséquence autorisée, le 16 juin 1358, à faire une statuette du poids de 10 marcs et à consacrer la valeur du surplus en fondations de chapelles ou en acquisitions de biens-fonds pour les églises et leurs ornements. La petite statue de sainte Anne fut remise, de la part d'Yolande, par Jean de Fains, son chapelain au chapitre Saint-Maxe de Bar. le 29 mars 1362 [2].

Yolande paraît avoir eu une dévotion particulière à Notre-Dame de Boulogne, car les comptes mentionnent deux voyages faits par elle à ce sanctuaire. Le premier eut lieu à la fin de décembre de l'année 1348 [3], et le second en janvier 1367 [4]. Dans cette dernière circonstance, elle partit du château de Nieppe pour aller dîner et coucher à Thérouanne, à l'hôtel de la *Coupe*. Le lendemain à midi, elle était à Desvres et le soir à Boulogne où elle descendait à l'hôtel de la *Couronne*, tandis qu'une partie de sa maison et la plupart de ses chevaux étaient logés à celui du *Lion*. Elle y resta le dimanche 25 janvier et y fit ce jour-là ses dévotions, car les comptes mentionnent à cette date des aumônes diverses et 7 francs valant 9 livres 16 sols donnés au clerc qui lui fit vénérer les reliques dans l'église Notre-Dame. Le soir, elle alla coucher à Alquines (canton de Lambres, Pas-de-Calais). Elle passa la journée du lundi à Saint Omer, celle du mardi à Cassel et rentra le mercredi soir au château de Nieppe [5].

[1] Archives du Nord, B. 3248.
[2] De Smyttère, *Essai historique sur Yolande de Cassel*, p. 40-41. — De Fourny, *Inventaire de Lorraine*, t. III, p. 87.
[3] Archives du Nord, B. 3247.
[4] Id., B. 3256.
[5] Id., B. 3256.

Ce n'était pas seulement, d'ailleurs, lorsqu'elle était en voyage qu'elle fréquentait les hôtels, car on voit qu'à Nieppe et à Clermont en Argonne elle alla plusieurs fois, avec ses commensaux ordinaires, souper à la taverne [1].

C'est au château de Nieppe qu'elle résidait généralement lorsqu'elle était en Flandre. Elle ne le quittait que pour aller au château de Warneton ou à Dunkerque où elle avait un hôtel. Au mois de juillet 1355, elle passa plusieurs jours dans cette ville [2], et de là se rendit dans une autre propriété qu'elle possédait à Bourbourg. Là, on la voit dîner et souper chez l'abbesse Isabelle de Herzelles; le lendemain elle lui rendit sa politesse en la traitant ainsi que toute sa maison. Il fut ce jour-là apporté et consommé à l'hôtel de la Comtesse 32 poussins (ce que nous appelons aujourd'hui poulets de grains), 5 gelines (poulardes), des pois verts, 5 oisons, des épices telles que gingembre et cannelle, un cent d'œufs, 16 pièces de bœuf, 4 pièces de mouton et un demi-lot de verjus. Le vendredi 20 juillet elle dîna à Cassel où on acheta pour son repas maigre : un saumon, un cent de harengs, des herbes potagères appelées *jonces*, du verjus, de la moutarde, de la ciboule, 200 œufs et du beurre. En raison de sa santé délicate, des lettres de François, évêque de Florence, légat du pape Innocent VI, l'avaient dispensée de jeûner toutes les fois que son confesseur, sur l'avis des médecins, lui en accorderait l'autorisation [3]. Mais cette dispense ne s'étendait pas à l'abstinence de la chair les jours défendus par l'Église, abstinence qu'elle observait très exactement.

Le vendredi soir elle était de retour au château de Nieppe. Pendant toute la durée de ce petit voyage elle avait été suivie d'un char à quatre chevaux pour le transport de sa *chambre*, c'est-à-dire de son mobilier personnel, et surtout des tapisseries dont l'appartement d'une grande dame devait être tendu à cette époque [4]. Ce n'était pas, d'ailleurs, sans inconvénients qu'elle voyageait ainsi avec des bagages précieux qui ne manquaient pas d'exciter la convoitise des seigneurs et des chefs des grandes compagnies dont les routes furent infestées pendant la plus grande partie du XIVe siècle. Ainsi, en 1362, lorsqu'elle traversait le bailliage de Vermandois pour se rendre à Clermont-en-Argonne, elle fut attaquée entre Espre et Veaux-sous-Laon, par Jean de Clignet de Brabant, écuyer, et par plusieurs autres hommes d'armes, qui lui enlevèrent ses joyaux et ses vêtements les plus précieux. Les inventaires dressés à cette époque, dit Mgr Dehaisnes [5], font connaître qu'elle avait emporté dans ce voyage un grand nombre de riches manteaux, houppelandes, cottes,

[1] Archives du Nord, B. 3249.
[2] Id., B. 3249.
[3] Id., B. 3250.
[4] Id., B. 3249.
[5] *Histoire de l'Art en Flandre*, p. 472.

surcots, chaperons et tapisseries formant chambre, de joyaux et bijoux, et d'objets pour le service de sa table. Ce Jean Clignet tenait la campagne pour le compte du roi de France, Jean le Bon. Aussi Yolande s'adressa-t-elle à ce prince afin d'obtenir satisfaction. Comme les effets enlevés par le ravisseur avaient été déposés entre les mains de Raoul de Coucy et que des inventaires réguliers en avaient été dressés, ils purent être rendus intacts à Yolande de Cassel au mois de février 1363[1].

Quoique le roi Jean eût accordé des lettres de grâce à Clignet pour son méfait[2], la comtesse de Bar ne cessa de réclamer contre l'outrage qu'elle avait reçu. En 1364, le régent Charles chargea le bailli de Vermandois d'informer des voies de fait commises sur sa personne et sur celles de ses gens. Mais Jean Clignet trouva encore moyen d'échapper à toute punition et, par des lettres en date du 17 mai 1365, le Dauphin, devenu Charles V, requit définitivement la dame de Cassel de le tenir quitte et paisible de tout ce qu'il avait fait contre elle, attendu que le feu roi avait obligé ledit Clignet à restituer à Philippe de Navarre, mari de la Comtesse, les effets et joyaux qu'il lui avait pris[3].

Yolande ne se séparait pas non plus dans ses pérégrinations de sa levrette favorite, de quelques autres chiens et surtout d'un autour, parfaitement dressé au vol du héron et de la perdrix et pour lequel chaque jour l'on voit revenir dans les comptes la dépense d'une *geline* servant à sa nourriture[4]. La chasse paraît, en effet, avoir été une des grandes passions de cette princesse. Elle chassait non seulement au faucon, mais encore à courre, surtout dans les forêts de l'Argonne où avec son veneur, Jennin Houdin, elle attaquait le loup et le sanglier[5]. Elle faisait quelquefois venir ce piqueur avec ses six grands chiens, de Clermont en Flandre pour chasser dans la forêt de Nieppe[6]. Ses fauconniers Vuillaume et Guillaume Longuemanche étaient aussi très habiles dans leur art. Elle fit même présent à ses cousins le duc de Bretagne et le sire de Laval de quatre faucons dressés par Longuemanche[7].

Dans une ballade composée à la suite d'un séjour qu'il avait fait au château de Nieppe, Eustache Deschamps, dit Morel, poète de Charles V, décrit en langage du temps la douce retraite où Yolande mêlait la vie mondaine, les plaisirs de la chasse et les exercices de piété[8].

(1) Archives du Nord, B. 874, 880 et 884.
(2) Id., B. 877.
(3) Id., B. 3255.
(4) Id., B. 3249 et B. 3255.
(5) Id., B. 3255 et B. 3256.
(6) Id., *ibid.*
(7) Id., B. 3257.
(8) *Œuvres complètes* d'Eustache Deschamps, publiées par le marquis de Queux de Saint-Hilaire, tome III, p. 358.

Qui veult avoir vie et joye mondaine,
Et selon Dieu vivre pour paradis,
Sanz trop ne pou avoir repos ni paine
Et pour avoir des chasses les déliz,
Bois et forez et assez doulz pays,
Plaisant manoir, fort et puissant chastel,
Chappelles grans et la messe toudis,
A Nyeppe voit, près du val de Cassel.

Puis il vante la beauté et la grâce de la petite-fille de la châtelaine, Jeanne de Bar et de ses compagnes les dames de Ligny, de Morbecque, d'Aucueille, d'Hazebrouck, de Houdain et d'Yolande sa fille, d'Isabelle d'Afiches et d'Alice de Varennes :

Madame y est de ce lieu souveraine,
Jehanne de Bar qui est des fleur de liz[1],
Et de Ligni la dame en leur compaigne
Et Mortbecque et Aucueille au cler vis,
De Hazebruck Yolent, ce m'est vis;
Et toutes ont gent corps, adroit et bel;
Donc qui d'Amours vouldra estre ravis,
A Nyeppe voit, près du val de Cassel.

Encor y est Houdain de douçour plaine,
Et Yolent sa fille que je vis,
Et Ysabel d'Afiches ou demaine,
De Varennes Hélouys vous devis,
Et Amelot. Toutes ont d'onneur pris :
Un tel trésor est précieux jouel.
Qui tout temps veult de joye estre garnis,
A Nyeppe voit, près du val de Cassel.

ENVOY

Très doulces flours, d'amours puis et fontaine,
A vous se vient rendre Eustache Morel
Recevez lay, car qui veult vye saine,
A Nyeppe voit, près du val de Cassel.

Cette Jeanne de Bar dont parle Eustache Deschamps comme résidant souvent au château de Nieppe auprès de sa grand'mère, fut mariée en 1394, à Théodore II Paléologue, marquis de Montferrat. Ses frères, Henri de Bar qui devait périr à la bataille de Nicopolis, et Charles de Bar qui devint seigneur de Nogent-le-Rotrou, y faisaient aussi de longs et fréquents séjours. Dans le curieux inventaire que nous avons encore du mobilier qui se trouvait au château de Nieppe, on voit que ces princes y

(1) Jeanne de Bar, fille de Robert de Bar et de Marie de France, était petite-fille de Jean-le-Bon et nièce de Charles V.

avaient tous les deux leur chambre particulière [1]. En 1386, Henri de Bar devait prendre part à la descente que le roi Charles VI projetait de faire en Angleterre. A cette occasion, Yolande recommanda à Jean de Leureghem, bailli de Dunkerque, de faire acheter trois tonnelets de poissons salés tels que saumons, morues, maquereaux, etc., et de lui adresser l'un des deux bourgeois de cette ville le plus entendu au fait de la mer et connaissant le mieux le littoral (les marches) de l'Angleterre afin qu'elle pût obtenir de lui des renseignements qui seront très précieux pour les projets de son petit-fils. En post-scriptum, elle prie le bailli de s'informer si les toiles qu'elle a commandées à un tisserand sont faites, et de ne pas manquer de lui faire envoyer des harengs frais (2 septembre 1386) [2]. La flotte réunie à l'Écluse par les soins de Charles VI se composait de mille deux cent quatre-vingts vaisseaux ; il y en avait assez, dit Froissard, pour faire un pont de Calais à Douvres. Le roi devait la commander en personne. Mais le départ fut remis par suite de retards provenant du fait du duc de Berry jusqu'au 14 septembre, époque où la mer du Nord n'était plus tenable. L'expédition fut ajournée au printemps suivant, et pendant l'hiver la plupart des vaisseaux furent pris ou brûlés par les Anglais.

Les comptes donnent quelques renseignements sur les occupations et les distractions d'Yolande lorsqu'elle était obligée de rester dans ses appartements. On la voit jouer aux dés avec son fils Robert [3] ou aux échecs appelés alors *tables*, avec son conseiller Thiébaut de Bourmont. Ce dernier lui gagna même une quarte de vin de la valeur de 2 vieux gros tournois [4]. Elle ne négligeait pas non plus le soin de ses jardins où on cultivait des rosiers, des lavandes et des vignes ; ils renfermaient aussi de nombreux kiosques appelés *pavillons* [5]. Elle essaya même d'y élever des vers à soie, plutôt sans doute par amusement que dans le but d'obtenir la matière première d'un tissu de très grand prix au moyen âge [6].

La comtesse de Bar entretenait aussi une correspondance avec les amis qu'elle avait conservés à la cour de France. Parmi ceux-ci, il faut citer Jean II, comte de Sarrebruch, sire de Commercy, conseiller et chambellan du roi Charles V. Par lettres patentes du 6 novembre 1365, il fut nommé bouteiller de France et premier président de la Chambre des Comptes. Après avoir rendu de grands services au Roi dans les armées et dans les négociations, il mourut en 1387. Il avait épousé, en 1334, Gisèle, fille de Pierre de Bar, seigneur de Pierrefort.

[1] Archives du Nord, B. 3261.
[2] Id., B. 3266.
[3] Id., B. 3252.
[4] Id., B. 3254.
[5] Id., B. 3261.
[6] Id., B. 3265.

On trouvera ci-après le texte de la curieuse lettre par laquelle ce personnage donna à Yolande des détails sur le projet de voyage de Charles V à Lyon afin d'y rencontrer le pape Grégoire XI, et de tenter un dernier effort auprès de lui pour le détourner de quitter Avignon et de se fixer à Rome. On n'y lira pas non plus sans intérêt le récit de l'arrivée à Paris d'un enfant d'une douzaine d'années que l'on disait être fils du roi de France. Amené devant le Roi, cet enfant fut reconnu fou de naissance, et le comte de Sarrebuch ajoute qu'il était venu à Paris « ainsy comme main foulz y viennent parmi an ». A cette époque, la comtesse de Bar souffrait, paraît-il, d'une maladie de la vessie, car elle avait demandé à son ami un remède contre la gravelle. Celui-ci lui envoie la recette d'une eau merveilleuse consistant en une décoction de racines de l'herbe appelée brise-pierre (probablement la pariétaire ou une plante de la famille des saxifrages), de violette et de persil, qui, préparée selon ses indications, était souveraine contre cette maladie. Cette lettre n'est datée que du quantième du mois, 20 août. Mais comme le départ du pape Grégoire XI, d'Avignon pour Rome, eut lieu le 13 septembre 1376, on peut certainement la dater du 20 août précédent.

« Ma chière et redoubtée dame, je moy recommande à vous, et quant à ce que autrefoix vous ay escript que je avoie envoié par devers le Roy, mon seigneur, un mien messagé pour savoir la cause pour quoy il estoit retornez de aler par devers le pape et ausy pour savoir nouvelles de l'anfant qui se dit estre filz du Roy mon seigneur, plaise vous assavoir que mon messagé n'est ancores point retornez, maix un amy de monseigneur l'évesque de Baieux li a envoié unes lettres de Paris qui contiennent en sustance la forme qui s'ensuit : Premiers la cause pour quoy le Roy n'est alez devers le pape est telle : le Roy, mon seigneur, aloit devers le pape espécialement sus toutes autres chosses pour li faire demorer de non aler à Rome ; si a senti par aucun de ses bons amis que pour chose du monde li pape ne demouroit se li semble que il ne seroit mie son honeur se il aloit là pour li faire demorer et il ne demeuroit à sa prière ; la seconde cause si est que nostre saint père le pape vouloit estre à Lyon VIII jours plus tost que le Roy monseigneur ne pouvoit estre. Et quant à l'anfant dessusdit, quant le Roy vint à Paris y fit mander ledit anfant pardevant li et parler à li moult longuement et li interrogat et examinat diligemment et quant il eut tout se fait, il le trouva wray foulz naix si l'a-on fait tondre à la guise d'un fou et l'a-on chargié à II cergens qui le menoient chascun jour par la ville de Paris monstrant au peuple commant que c'est uns foulz. Et quant ad ce, ma chière et redoubtée dame, que vous m'avez escript que je vous face savoire commant que le Roy mon seigneur a receu lez chevaliers qui vindrent avecques ledit enfant à Paris, plaise vous asavoir qu'il n'est nulles novelles que à la compaignie dudit anfant il venist aucun chevalier ne autre personne notable fors tant seulement que il vint à Paris ainsy comme main foulz y viennent parmi an. Quant aus novelles de pardessa sus le fait dez traitiers, véritablement je ne vous say ancore que escripre ; nous avons eu et avons de jour en jour tout plain de paroles avecques les légas mais ancore ni at-il chose là où on se puisse grammant atendre de finable conclusion. Ma chère et redoubtée dame, vous m'avez escript que je vous envoie de trois manières d'erbes que j'ay dit à Colinet, vostre clerc, qui sont bones contre la gravelle. C'est assavoir : brise pierre, violette, et racinnes de parresin et que je vous weille plainnement escripre par quelle manière on doit faire l'iaue et quelle porcion on y doit mestre de chascune erbe. Si vous plaise, ma redoutée dame, asavoir que ledit Colinet ne vous a mie nommey tout ce que il faut mettre car avecques les erbes devant dictes il y faut mettre de la vesce et y a certainne ordenance de gouvernement qui faut faire. Si doubteroie bien à escripre toutes les chosses ainsi comme elles se doivent faire et que se ne fust plus de demages que de profit à ceaux qui buveroient de l'yaue. Maix plaise vous à moi envoiier un de voz gens qui sache atendre telle chose, je li feray apanre à cognoistre l'erbe et li feray faire l'yaue devant li et li monstreray tout ce que il y faut, tant en faire l'iaue comme ou gouvernement de la chose et, avecques celay, je li bailleray tout par escript. Ma chière et redoubtée dame, Nostre Seigneur par sa sainte grâce soit toujours garde de vous. Escript à Bruges, le XXe jour d'Aoust à hore de vespres.

Signé : Le Comte DE SAIREBRUCHE, Boutillier de France.

Au dos est écrit : *A ma chière et redoubtée dame, ma dame la contesse de Bar et dame de Cassel* [1].

Yolande, dit Mgr Dehaisnes, aima autant et peut-être plus que les autres princes et princesses de son siècle les joyaux en or, décorés de pierres précieuses [2]. On trouvera dans son savant ouvrage la description de ses nombreux joyaux et objets d'orfèvrerie telle que la donnent les inventaires et les mandements qu'il a publiés. Le tome VII de l'*Inventaire* des Archives du Nord renfermera l'analyse et souvent la transcription *in extenso* des documents relatifs aux mêmes objets qui ont échappé à ses recherches. Ce goût pour les bijoux et pour le luxe, ainsi que les grands travaux d'embellissement qu'elle fit faire au château de Nieppe où le peintre André de Valenciennes travailla si longtemps, entraînèrent la comtesse de Bar dans des dépenses considérables, hors de proportion avec ses revenus. Pour y faire face, elle dut souvent contracter des emprunts auprès des Lombards et des Cahorsins de Bruges, alors les grands banquiers des Flandres. Ceux-ci ne se contentaient pas ordinairement, comme garantie, de sa parole de princesse ; ils exigeaient le dépôt entre leurs mains, à titre de gages, de ses joyaux, même de sa belle

(1) N° 10673, Inventaire Godefroy, folio 46. — Archives du Nord, B. 3266 *bis*.
(2) *Histoire de l'Art en Flandre*, p. 471 et s.

couronne d'or et de pierreries à douze grands ornements et à neuf fleurons, de ses statuettes d'or et d'argent. Elle était obligée, en outre, de leur servir des intérêts usuraires qui, d'après le calcul que nous avons fait, ne s'élevaient pas à moins de 50 o/o [1]. Aussi il lui arriva de se trouver dans l'impossibilité de satisfaire ses créanciers, et peu de temps avant sa mort, le 10 juin 1395, quoique petite-fille d'un comte de Flandre et belle-mère d'une fille de France, elle fut arrêtée et emprisonnée à Tournai à la requête du changeur Thierry Prévôt à qui elle devait « grosse somme de finance ». Grâce à un nouvel emprunt, elle put éteindre cette dette et sortir de prison le 14 juillet suivant [2].

Nous ne terminerons pas cette étude sans dire au moins quelques mots des différentes monnaies et mesures que l'on trouve employées dans les comptes de l'hôtel des sires et des dames de Cassel. On comprend qu'elles devaient varier selon les contrées où résidaient ces princes. Dans le Perche, la monnaie en usage était la livre tournois, dont la valeur était inférieure environ d'un cinquième à celle de la livre parisis, comme l'indique, d'ailleurs, la mention suivante : 19 livres, 18 sols, 3 deniers tournois valant 15 livres, 18 sols, 7 deniers parisis [3]. Les mesures pour les grains étaient le muid et le setier ; pour les vins, la pièce et le tonneau ; pour le foin, la charretée [4]. Dans le Barrois, on rencontre presque simultanément l'emploi de la livre tournois, de l'écu Johannes ou de Jean le Bon valant 12 sols tournois, le petit florin et ses divisionnaires le gros et l'esterlin, le mouton d'or, l'écu Philippe et le franc d'or [5]. Les mesures employées pour les grains étaient le reix et ses divisionnaires le franchard et le setier ; pour les vins, la queue, le muid, le poinçon, le setier [6]. En Flandre, c'est l'usage de la livre parisis qui domine avec celui du muid et de la razière pour mesurer les grains ; du tonneau, du lot et de la chopine pour les vins et les liquides [7].

Cette rapide analyse des comptes de l'hôtel des sires et des dames de Bar et de Cassel aura suffi, nous l'espérons, à montrer quelle source précieuse de renseignements ils constituent pour connaître la vie privée des princes au moyen âge. Ce n'est que grâce à des documents de ce genre que l'on peut y pénétrer, car, à cette époque, les correspondances particulières font défaut. Quant aux chroniqueurs et aux poètes, ils sont généralement très sobres de détails sur ce point. Ainsi il semble que dans ces comptes la physionomie si originale d'Yolande de Cassel nous apparaît sous un jour plus vif et plus vrai que si nous n'avions pour la

(1) Archives du Nord, B. 3257.
(2) Id., B. 3265.
(3) Id., B. 3245.
(4) Id., B. 3245.
(5) Id., B. 3252.
(6) Id., B. 3250.
(7) Id., B. 3256.

connaître que ses actes officiels et les récits contemporains. Les différentes phases de sa vie si agitée, où le pouvoir et la faiblesse, l'opulence et la pénurie se succèdent si rapidement, viennent s'y refléter comme dans un miroir fidèle. Enfin, ils fournissent sur quelques-uns des événements *politiques auxquels elle se trouva mêlée, des particularités curieuses* dont les historiens seront toujours avides, surtout lorsqu'elles se rapportent à une époque aussi dramatique que celle de la guerre de Cent-Ans.

ANGERS, IMP. A. BURDIN ET Cie, 4, RUE GARNIER

www.ingramcontent.com/pod-product-compliance
Ingram Content Group UK Ltd.
Pitfield, Milton Keynes, MK11 3LW, UK
UKHW022146260726
13993UKWH00005B/2186

9 782019 939588